Catalogage avant publication de la Bibliothèque nationale du Canada

Tremblay, Denis, 1946-
  Panoramas Québec
  Texte en français et en anglais.
  ISBN 2-89077-253-5
  1. Québec (Province) - Ouvrages illustrés. 2. Québec (Province). I. Paquin, Roger. II. Titre.

FC2912.T79 2003   971.4'0022'2   C2003-941588-0F

National Library of Canada cataloguing in publication

Tremblay, Denis, 1946-
  Panoramas Québec
  Text in French and English.
  ISBN 2-89077-253-5
  1. Quebec (Province) - Pictorial works. 2. Quebec (Province). I. Paquin, Roger. II. Title.

FC2912.T79 2003   971.4'0022'2   C2003-941588-0E

Conception graphique et mise en page de / Cover and interior design by : Olivier Lasser
Révision des textes par Annick Loupias / Proofread by Elaine Kennedy
© Denis Tremblay pour les photos / Photographs by Denis Tremblay

© 2003, Flammarion Québec

Imprimé et relié au Canada / Printed and bound in Canada

PANORAMAS

Québec

À mon épouse Micheline,

qui, depuis une trentaine d'années, m'accompagne dans la vie et me soutient en toutes circonstances ; à mes côtés, elle partage mes difficultés comme mes réussites, elle est ma collaboratrice et ma muse. Notre vie est un travail d'équipe, une aventure passionnante ; chaque journée nous réserve de riches moments et de bonnes surprises.

To my wife Micheline,

who has been by my side for some thirty years, sharing with me the difficulties as well as the good times. She is my partner and my Muse. Our life as a team brings an exciting adventure ; each day reveals great surprises and rich moments.

PANORAMAS

Québec

PHOTOS PANORAMIQUES DE / PANORAMIC PHOTOS BY

DENIS TREMBLAY

TEXTES DE / TEXTS BY

ROGER PAQUIN

Flammarion
Québec

PRÉFACE FOREWORD

« J'ai envie de redire aux gens d'ici à quel point c'est exceptionnel chez nous et de montrer aux gens d'ailleurs combien notre coin de planète est magnifique. Veux-tu m'aider ? » C'est ainsi que Denis Tremblay m'a convaincu et que l'aventure de ce livre a commencé. Son aventure à lui avait débuté beaucoup plus tôt, par un jour maussade de l'automne 1994.

Denis a toujours eu sa façon bien particulière de voir le monde. Bambin, il contemplait déjà sagement les alignements de corniches et les paysages urbains de Saint-Jean-sur-Richelieu pendant que sa mère faisait ses emplettes dans la rue Richelieu. Alors photographe depuis une dizaine d'années, il ouvrit avec son épouse Micheline Hamelin une boutique de photo sur cette même artère. Ce commerce les accaparaît depuis plus de 20 ans, lorsque le destin se manifesta. Un soir pluvieux et froid de novembre 1994, il demande à son ami Claude : « C'est quoi Microsoft ? Ils m'ont téléphoné aujourd'hui. C'est qui Bill Gates ? Il voudrait que je me rende à New York demain ! Ça sent le pétard mouillé, ça n'a pas d'allure ! » Et la vie des Tremblay a été bouleversée pour de bon.

Le couple vend le commerce et commence une vie animée de globe-trotters. Un jour sur un continent, le lendemain sur un autre. Valises et havresacs. Pour Denis, Micheline est la muse, la collaboratrice et la complice : pas question de partir sans elle. Ensemble, ils parcourent le monde fixant sur la pellicule les lieux historiques, patrimoniaux et touristiques pour *Encarta*, l'encyclopédie virtuelle de Microsoft, et Expedia, son agence de voyages en ligne. À ce jour, plus de 75 voyages à l'étranger, plus de 35 pays, et l'aventure continue.

La photographie panoramique est méconnue, pourtant elle est seulement de trois années cadette de la photo traditionnelle. Une vue panoramique est au moins trois fois plus longue que large, un seul regard ne suffit pas, les yeux se déplacent, il faut tourner la tête ou, encore, il faut pivoter sur soi. Denis est un des maîtres du 360°. C'est pourquoi il est l'un des pigistes favoris de Microsoft. Ses clients sont aussi des institutions comme Agfa-Bayer, Air India, Canadian Encyclopedia, El Al, En Route (Spafax Canada inc.), Groupe Essaim, IBM (pour Air Canada), Œrlikon Aérospatiale, P. Baillargeon ltée, Time-Warner (pour China Airlines), ainsi que des gouvernements (Canada, Chypre, France, Ghana, Inde, Israël, Malte, Québec, Suisse). Si des archéologues découvrent de nouveaux couloirs et une chambre souterraine sous la Cité de David, ils demandent à Denis de se rendre précipitamment à Jérusalem et de ramper dans une crevasse pour photographier les lieux encore intacts. Aucune situation ne lui résiste s'il y a une image à capter. Quand certaines firmes prestigieuses veulent tester de nouveaux appareils photographiques, elles s'adressent à ce passionné de technique qui ne refuse jamais.

"I would like to remind our fellow citizens how beautiful our land is and to show people from elsewhere how magnificent our part of the planet is. Do you want to help me?" This is how Denis Tremblay convinced me and how the adventure of this book began. But his own adventure had begun much earlier, on a sullen day in autumn 1994.

Denis has always had a special way of seeing the world. Even as a child, he would quietly gaze at the skyline of cornices and other urban scenes in Saint-Jean-sur-Richelieu, while his mother was shopping on Richelieu Street. He had been a photographer for some ten years when he opened a photo store with his wife, Micheline Hamelin, on that very street. They had been running a highly demanding business for almost 20 years, when destiny rang the bell. One cold, rainy evening, Denis asked his friend Claude : "What is Microsoft? They phoned me today. Who is Bill Gates? They want me to be in New York City tomorrow! Is this a bad joke, or what?" And the Tremblays' life was transformed forever.

The store was sold and an exciting globe-trotting life began. One day on one continent, the next day on another. Lots of luggage and pack-sacks. For Denis, Micheline is his Muse, his partner and his accomplice : going without her is out of the question. Together, they travel the world over to capture historic, heritage and tourist sites on film for Encarta, *the Microsoft encyclopedia, and Expedia, its on-line travel agency. Now, after more than 35 countries in more than 75 trips, the adventure goes on.*

Although panoramic photography emerged only three years after conventional photography, it is not as well known. A panoramic view is at least three times as wide as it is high ; you cannot see everything in it in a single glance, you have to move your eyes, turn your head, or pivot your body. Denis is an expert at 360° shots. This is why he is one of the favourite freelancers of Microsoft. His clients include such institutions as Agfa-Bayer, Air India, Canadian Encyclopedia, El Al, En Route (Spafax Canada Inc.), Groupe Essaim, IBM (for Canada Airlines), Œrlikon Aerospace, P. Baillargeon, Time-Warner (for China Airlines), and numerous governments, such as that of Canada, Cyprus, France, Ghana, India, Israel, Malta, Quebec and Switzerland. If archaeologists find new passages or an underground chamber below the City of David, Denis is called in and will rush to Jerusalem, slipping through a crack to take photos of the site while it is still untouched. Nothing can stop him if there is a picture to be taken. When prestigious makers of photographic material want to test innovations, they call on this passionate wizard of technology who never answers no.

Mais Denis est d'abord un artiste de talent. Pour un bel édifice ou pour un paysage saisissant, malgré son sérieux vertige, il n'hésite pas à gravir une tour élevée, monter en montgolfière ou sortir d'un hélicoptère en vol, retenu par une sangle, et tenant en main son appareil en dessous de l'aéronef. Après, en examinant le négatif, il frissonne rétrospectivement, jurant bien de ne plus recommencer, ce qu'il refera pourtant dès la prochaine occasion.

La Joconde, le Taj Mahal, le Grand Canyon, la Vallée des rois, et quoi encore? Plus de 25 000 belles images réalisées au fil des ans, toujours à un rythme trépidant. Il cumule les records. Le plus grand groupe : plus de 2 600 personnes alignées pour l'occasion. Agfa-Bayer lui a commandé une photographie de 120 pi (37 m), d'une seule venue, la plus longue du monde. Un de ses panoramas pris à Ottawa embrasse une foule estimée à 250 000 personnes. À Québec, il a pris la seule photo dûment authentifiée chevauchant deux millénaires : d'une durée de quelque sept minutes, la prise de l'image du parlement s'est commencée le 31 décembre 2000, l'obturateur est passé devant l'horloge de la tour centrale pour le coup de minuit et l'exposition s'est achevée le 1er janvier 2001.

Avec l'expérience, Denis a modulé son tempo. Il donne aux lieux le temps d'opérer leur magie, il attend que le soleil consente un ciel rose à Montréal ou une lueur violacée à Québec, que le goéland se perche sur le monolithe de l'île Quarry ou qu'un nuage vienne ombrager une partie du décor de la chute Vauréal. Il se donne le temps de peaufiner, de choisir ses pénombres pour donner du relief à ses lumières. À cet égard, il est intéressant de savoir que la photographie de la place Jacques-Cartier lui a demandé une exposition d'environ 20 minutes, ce qui a transformé certains passants en présence fantomatique. Pour transfigurer certains sites, il utilise les déformations créées par les rotations de son appareil, ou le *cigar effect* dû à l'emploi d'une lentille de courte focale. Il obtient ainsi d'intéressantes fuites de perspectives comme dans la photo de la place Royale de Québec.

Denis est reconnu un peu partout dans le monde. Des nombreux témoignages reçus, la motion conjointe et unanime de l'Assemblée nationale du Québec le réjouit particulièrement. Par cet ouvrage, il ne prétend pas illustrer chaque coin de pays, faire œuvre touristique ou didactique. Il veut plutôt répondre à l'affection qu'il ressent et offrir en cadeau aux Québécois un miroir d'eux-mêmes et de leur territoire, l'image de cet espace et de ce temps qui expliquent leur singularité. Il l'adresse d'abord aux gens d'ici, mais aussi à ceux d'ailleurs en leur disant notre ouverture et notre accueil. Laissez ces pages interpeller vos paysages intérieurs. Entre-temps, Denis se réjouira si vous avez fait bon voyage en voguant sur ses images.

ROGER PAQUIN

First and foremost, Denis is a talented artist. To capture a fine building or a magnificent landscape, he does not hesitate to climb a high tower or to fly in the basket of a balloon, in spite of his fear of heights. He will even climb outside a flying helicopter fastened by only a strap, holding his camera under the aircraft. It is only afterwards, when examining the negatives, that he shudders, swearing never to do it again. Of course, he does it again at the next opportunity.

The Mona Lisa, Taj Mahal, the Grand Canyon, the Valley of the Kings, and the list goes on and on. He has taken more than 25,000 great pictures over the years, at an incredibly hectic pace. He makes record after record. One for the largest group : more than 2,600 people lined up for the photo. Agfa-Bayer commissioned him to take a one-piece 120-foot (37-metre) photograph - the longest in the world. One of his shots taken in Ottawa shows a crowd estimated at more than 250,000 people. In Québec City, he took the only authenticated photograph overlapping two millennia; lasting some seven minutes, the shot began on December 31st, 2000, the shutter passing right over the clock of the central tower of Parliament at exactly midnight, and the exposure ended on January the 1st, 2001.

In the past few years, Denis has modified his pace. He allows time for the locations to perform their magic. He waits for the sky to turn pink over Montréal or for the sun to cast a purple glow over Québec City. He waits for the seagull to fly over a monolith at Quarry Island and perch upon it, or a small cloud to slowly shade a section of a scene at Vauréal Falls, before he will shoot the photo. He takes time to perfect, playing with obscurity and light. In this regard, it is interesting to know that the photo of Place Jacques-Cartier took around 20 minutes, permitting the transformation of some passers-by into diaphanous ghostly presences. He uses distortions produced by camera rotation, or the cigar effect brought about by short lens, to transfigure sites. In this way, he creates fascinating perspective warps, like that in the photo of Place Royale in Québec City.

Denis is well known in many countries. Of the numerous marks of appreciation he has received, the joint and unanimous motion by the Quebec National Assembly really delights him. In this book, he does not pretend to cover each and every part of the country, nor does he present a tourist or academic work. Rather, he wants to respond to the affection he feels by presenting a gift to Quebeckers, a mirror of themselves and of their territory, a picture of a space and time that contribute to creating their singularity. He addresses it firstly to his compatriots, but also to non-Quebeckers, to let them know of our friendship, warmth and openness.

Let these pages speak to your interior landscapes. Meanwhile, Denis will be happy if his images have offered you a fine voyage.

ROGER PAQUIN

Sénateur
Restaurant

Festival du Homard
Lobster Festival

Soupe ou salade César

Homard Thermidor
Thermidor lobster

Homard New Berg
New Berg lobster

Homard Parisien
Served en salade

Homard bouilli ou grillé
Boiled or grilled lobster

Dessert et café

$ 25

AIR
CONDITIONING

CLIMATISATION

FRUITS DE MER
STEAK

Sénateur
Soupe ou salade
Casserole de fruits de mer
Seafood casserole

Homard, crevettes, pétoncles et moules
Lobster, shrimps, scallops and mussels

dessert inclus $ 19

FESTIVAL
du homard

CLIMATISATION

LES PANORAMAS
PANORAMAS

[01] Pâturage près du lac Memphrémagog
Pasturage near Lake Memphrémagog

[02] Musée Missisquoi de Notre-Dame-de-Stanbridge
Missisquoi Museum in Notre-Dame-de-Stanbridge

[03] Frelighsburg, l'automne
Fall in Frelighsburg

[04] Ferme à Baie-Saint-Paul
Farm in Baie-Saint-Paul

[05] Cabane à sucre près de Cowansville
Sugar Shack near Cowansville

LE QUÉBEC DANS LE MONDE

Depuis un peu plus de quatre siècles, venant principalement de France, mais aussi d'Angleterre, d'Irlande et d'Écosse, des hommes et des femmes se sont enracinés en terre québécoise. Ces gens ont tissé une culture originale, d'abord métissée avec celle des Autochtones, puis enrichie des apports de vagues successives d'une immigration variée. De cet amalgame naîtra une population de quelque 7,2 millions de personnes, inventives, ouvertes et colorées, conscientes de leurs racines mais résolument tournées vers l'avenir. Aujourd'hui, les Québécois constituent un peuple original : latin de cœur mais britannique par ses institutions, européen d'esprit mais vivant à la façon nord-américaine.

Pour comprendre la variété des panoramas offerts par le Québec, souvenons-nous de son immensité[1]. Ses frontières avec quatre États américains, cinq provinces et un territoire canadien adjacents s'étirent sur plus 10 000 km en terre ferme ; elles sont de plus baignées par les eaux glaciales de l'Arctique et les vagues salées de l'Atlantique pour un autre 10 000 km au moins. En déployant ses atours de sa frontière avec les États-Unis jusqu'à son extrémité arctique, et de sa limite ouest avec l'Ontario à ses horizons océaniques de l'est, le Québec est une véritable courtepointe de paysages variés. C'est aussi 180 000 km² d'eau douce (plus de 3 % de la réserve mondiale), un imposant

---

1. Avec ses 1 540 680 km² de superficie, le Québec est plus grand que l'Alaska, soit 2 fois le Texas, 3 fois la France, 7 fois la Grande-Bretagne, 40 fois la Suisse.

QUEBEC AND THE WORLD

Four centuries ago, men and women came to this part of the New World mostly from France, but also from England, Ireland and Scotland. Here they forged an original culture first influenced by Native peoples' customs, and then enriched by the contributions of successive waves of immigration. There are now some 7.2 million Quebeckers. They are inventive, open and colourful ; they form a nation proud of its roots, but resolutely forward-looking. Today, Quebec has a Latin heart but British institutions, a European soul, but a North American way of life.

Quebec offers a large variety of panoramas because of the broad territory it covers[1]. It borders four American states, one Canadian territory and five provinces over a 10,000 km stretch of land, as well as the Arctic and Atlantic oceans over at least another 10,000 km. Displaying its finery from the United States border to the Arctic, and from the Ontario border to the sea, Quebec is a mosaic of varied scenery. With 180,000 km² of fresh water, it is the repository of more than 3 % of the world reserve. It enjoys abundant mineral, forest, fauna, energy and agricultural resources, fuelling a modern and prosperous economy[2].

---

1. *With an area of 1 540 680 km², larger than Alaska, Quebec is 2 times the Texas, 3 times France, 7 times Great-Britain, 40 times Switzerland.*

2. *Worldwide, Quebec ranks 18th in geographical area, 19th among OECD countries for the size of its GDP, 14th among OECD countries for GDP per capita, and 30th of 176 countries for its foreign exports.*

bassin de ressources minérales, forestières, fauniques, énergétiques et agricoles, alimentant une économie moderne et prospère[2].

DE GRANDS ESPACES

Le Québec, c'est d'abord de grands espaces. Le monde rural florissant permet l'autosuffisance alimentaire grâce à la richesse du sol. Ainsi voit-on en Estrie de vastes fermes et de somptueux pâturages [01]. L'eau est présente partout, aussi est-elle souvent domptée pour aider au travail des hommes [02]. De nos jours, la transformation agroalimentaire est devenue une industrie qui s'allie à la fertilité du sol et à l'abondance de l'eau, pour procurer la prospérité à nos campagnes. De pittoresques villages en témoignent comme celui de Frelighsburg en Montérégie [03]. Certains établissements agricoles ne laissent aucun doute, tel ce bâtiment situé sur une ferme de Baie-Saint-Paul, dans Charlevoix, ayant appartenu autrefois aux Petites Franciscaines de Marie [04].

Les ruraux sont demeurés simples. Près de la terre et porteurs de traditions séculaires, ils vénèrent, comme bien des citadins, l'humble cabane à sucre [05]. La préparation du sirop d'érable est une pratique venue des Amérindiens. Chaque printemps, on entaille les érables et on recueille la sève de la nature qui s'éveille ; dans la

---

2. Le Québec dans le monde : 18e rang en superficie ; taille du PIB : 19e rang de l'OCDE ; PIB par habitant : 14e rang de l'OCDE ; exportations internationales : 30e sur 176 pays.

THE WIDE OPEN SPACES

Quebec is, first and foremost, wide open spaces. Its flourishing agricultural industry makes it largely food self-sufficient. The soil is rich. Large farms and lavish pasturage can be found in the Eastern Townships [01]. Water is omnipresent and has often been harnessed to support man at work [02]. Today, food processing has become an industry that, together with fertile soil and abundant water, has created wealth for our countryside. Many picturesque villages attest to that, such as Frelighsburg in the Montérégie [03]. Certain agricultural establishments leave no doubt of it, like this building on a farm in Baie-Saint-Paul, Charlevoix [04], which was owned by the Little Franciscan Sisters of Mary in bygone days.

Country people have nevertheless remained loyal to the land and the traditions. They revere — as do most city dwellers — the humble sugar shack [05]. Making maple syrup is a practice inherited from the First Nations. Each spring, the maple trees are tapped and the sap of awakening nature is collected ; the sap is then transformed into pure delight in the sugar shack. In fall, as the earth prepares to sleep and the sugar shack falls silent, people wander along the paths of the maple grove, dreaming of the next spring.

Of the many products crafted in Quebec, beer, mead, mistelle and wine are highly appreciated. The gentle folk who create these products are often located in superb settings. In the National Capital Region, the owners of this vineyard in

[06] Vignes à Sainte-Pétronille
Vineyard in Sainte-Pétronille

[07] Citrouilles à Saint-Armand
Pumpkins in Saint-Armand

[08] Décors de la télésérie *Le Temps d'une paix*
Location of the TV series Le Temps d'une paix

[09] Pont couvert de Wakefield (Outaouais)
Covered Bridge in Wakefield (Outaouais)

[10] a) Boisé estival à Sorel
a) Summer Woods in Sorel

b) Boisé automnal au mont Saint-Bruno
b) Autumn Woods on Mount Saint-Bruno

[11] Boisé hivernal à Saint-Jean-sur-Richelieu
Winter Woods in Saint-Jean-sur-Richelieu

[12] Pommiers en fleurs dans le Haut-Richelieu
Apple Trees in Full Blossom in Haut-Richelieu

[13] Fjord du Saguenay depuis l'Anse-de-Tabatière
Saguenay Fjord from Anse-de-Tabatière

[14] Ferme près du lac Memphrémagog
Farm near Lake Memphremagog

[15] Chute Vauréal de l'île d'Anticosti
Vauréal Falls on Anticosti Island

[16] Mine de chrysotile de Thetford Mines
Chrysotile Mine in Thetford Mines

[17] La Forêt enchantée de l'île d'Anticosti
Enchanted Forest on Anticosti Island

cabane à sucre, on transforme le précieux liquide en pur délice. À l'automne, quand la terre se prépare à dormir et que la cabane se repose, on aime bien revoir les sentiers de l'érablière et rêvasser au prochain printemps.

Parmi les produits artisanaux du Québec, les bières, les hydromels, les mistelles et les vins sont fort prisés. Les établissements qui les élaborent sont très souvent implantés dans des décors admirables. Par exemple, situé dans la région de la Capitale nationale, ce vignoble de Sainte-Pétronille, sur l'île d'Orléans [06], d'où les propriétaires peuvent chaque jour admirer la chute Montmorency. Bien souvent, si modestes soient-elles, les productions présentent un charme indéniable pour peu que l'on prenne le temps de les admirer [07]. Cette sereine beauté inspire les écrivains et beaucoup d'auteurs situent leurs intrigues dans nos décors bucoliques. Les gens du pays s'y reconnaissent, et cette osmose explique sans doute le succès de téléséries comme *Le Temps d'une paix* de Claude Gauvreau [08] dont les décors ont été conservés dans Charlevoix pour les touristes.

Nos campagnes recèlent des constructions remarquables. Couvrir les ponts de bois [09] était un stratagème fort ingénieux pour garder les chemins ouverts malgré les bordées de neige, mais surtout pour éviter la dégradation des structures par les intempéries. Aujourd'hui encore, les ponts couverts enjolivent bien des coins de notre pays.

Les grands espaces se parent aussi de couverts luxuriants. Les Québécois ont toujours aimé la forêt, l'explorant pour la connaître, la parcourant pour y chasser ou y pêcher, s'y promenant simplement pour profiter de la beauté des arbres en toutes saisons : boisé vert en été [10a], l'automne, tout en couleurs [10b], et l'hiver, en noir et blanc [11]. Au printemps, l'arbre prend toute sa majesté comme ces pommiers en fleurs [12] qui embaument les vergers du Haut-Richelieu. En plus de ces considérations poétiques,

Sainte-Pétronille, on Orléans Island [06], begin each day with a spectacular view of Montmorency Falls. Very often, a production, simple as it may be, possesses intrinsic charms if people care to stop and look [07]. All this quiet beauty has inspired authors, many of whom have set their stories in these locations. TV audiences recognize themselves in these situations, which may explain in part the success of a TV series like *Le Temps d'une paix* by Claude Gauvreau [08]; the rural sets of the program have been preserved in Charlevoix for tourists.

Our countryside reveals other remarkable structures. Covering the wooden bridges [09] was a very clever strategy, not only to keep the roads open during snowy periods, but also to avoid the structural decay caused by bad weather; this was so successful that covered bridges still adorn many back roads in Quebec.

The wide open spaces are covered with luxuriant vegetation. Quebeckers have always been drawn to the woods, exploring them for the joy of discovery, trekking through them to reach hunting or fishing places, or simply walking in them to enjoy the beauty of the trees in all seasons : the lush green of summer [10a], the glorious colours of fall [10b], the solemn black and white of winter [11]. It is in spring, however, that nature bursts forth in total majesty, and the scent of apple blossoms [12] hangs heavy in the air of Haut-Richelieu orchards. In addition to their poetic richness, the forests of Quebec are important economically, as Quebec is the leading exporter of ameliorated and reconstituted wood in the world[3].

---

3. Quebec is also the 2nd leading exporter of newsprint in the world, the 3rd for coniferous wood, the 4th for roll paper and cardboard, and the 8th for kraft paper and cardboard.

rappelons l'importance économique de la forêt pour le Québec qui est le premier exportateur mondial de bois améliorés ou reconstitués[3].

Ces vastes territoires sont sillonnés de toutes parts par de grandes rivières comme l'Outaouais, la Saint-Maurice ou le Saguenay [13], et émaillés d'une multitude de plans d'eau. Lorsqu'ils sont encaissés dans les reliefs des Laurentides ou des Appalaches, les lacs, petits et grands, offrent de magnifiques paysages comme le lac Memphrémagog [14] en Estrie. L'eau peut aussi s'agiter magnifiquement comme à la fascinante chute Vauréal sur l'île d'Anticosti [15]: venue paisiblement d'on ne sait où, une rivière se précipite bruyamment depuis une falaise plus haute que celle du Niagara, puis reprend posément son cours dans une direction complètement différente.

C'est aussi dans les immenses étendues, de l'Abitibi à la Gaspésie, que se terrent les ressources minérales. Lorsqu'on les débusque, une mine apparaît, qui donne bien souvent naissance à une agglomération. Il faut alors voir à quel point la vie de l'une est arrimée à celle de l'autre. Autrefois, le Québec exportait la matière première, désormais, il la transforme lui-même. Cette industrie crée de la richesse et dynamise les régions. Ces mines sont des chantiers impressionnants : pour s'en convaincre, il suffit de voir le cratère dont on tire la chrysotile à Thetford Mines [16].

Le tourisme profite de la diversité des attraits, et il contribue significativement au développement des régions. L'atout mis en valeur est parfois le caractère mystique d'un lieu autant que sa valeur pittoresque comme à la Forêt enchantée d'Anticosti [17]. Le patrimoine bâti, la connotation historique tout autant que les couleurs de l'été indien sont exploités en Montérégie [18]. L'hiver est de plus en plus mis à contribution et on redécouvre les

---

3. Le Québec est aussi, entre autres, 2e exportateur mondial de papier journal, 3e de bois de conifère, 4e de papier et de carton en rouleaux, 8e de papier et de carton kraft.

These spacious territories are crisscrossed by magnificent rivers like the Outaouais, the Saint-Maurice and the Saguenay [13], and dotted with a multitude of quiet lakes and ponds. When enclosed by the hills of the Laurentians and the Appalachians, lakes large and small offer wonderful landscapes, such as Lake Memphrémagog [14] in the Eastern Townships. Elsewhere, water can be really restless, such as at Vauréal Falls on Anticosti Island [15], meandering quietly from who knows where, then suddenly plunging noisily down a cliff higher than Niagara before resuming its course calmly in a completely different direction.

In the wide open spaces from Abitibi to Gaspésie, rich mineral resources are found. As they are discovered, mines are created which generally lead to the birth of a town; it is fascinating to observe how much the life of one town is linked to that of the other. In the past, Quebec was an exporter of raw materials; today, increasingly, it transforms them, creating wealth that greatly improves regional dynamics. The mines are very impressive work sites; to be convinced, simply look at the crater from which chrysotile is extracted in Thetford Mines [16].

Tourism benefits from the diversity of attractions in Quebec and greatly contributes to regional development. The attraction highlighted can be the mystical dimension as well as the picturesque value of a place, such as the Enchanted Forest of Anticosti [17]. The architectural heritage, the historical significance and the colours of Indian summer are also emphasized, for example in the Montérégie [18]. Even the snows of winter are appreciated as people rediscover the romantic joys of sleigh rides [19]. Agro tourism is blossoming at an astonishing pace, particularly in the Montérégie [20] and

[18] Manoir Christie de Saint-Jean-sur-Richelieu
Christie Manor in Saint-Jean-sur-Richelieu

[19] Balade en traîneau du côté de Mansonville
Sleigh Ride nearby Mansonville

[20] Ferme près de Cowansville
Farm near Cowansville

[21] Frelighsburg

[22] Halte piétonnière de l'île Sainte-Hélène à Montréal
Rest Area on Île Sainte-Hélène in Montréal

[23] Côte de la Montagne à Québec
Côte de la Montagne in Québec City

[24] Basilique-cathédrale Notre-Dame de Québec
Notre-Dame Cathedral-Basilica in Québec City

[25] Carnaval de Québec
Québec City Carnival

[26] Rue du Trésor à Québec
Rue du Trésor in Québec City

[27] Place Royale de Québec
Place Royale in Québec City

[28] a) Couvent des Ursulines
a) Ursulines' Convent
b) Chapelle des Ursulines à Québec
b) Ursulines' Chapel in Québec City

[29] Château Frontenac vu de la Citadelle de Québec
Château Frontenac from the Québec City Citadel

[30] Québec depuis Lévis
Québec City from Lévis

plaisirs romantiques des balades en traîneau [19]. L'agrotourisme connaît un essor fulgurant notamment en Montérégie [20], et certains villages du piémont appalachien sont de vrais bijoux [21]. On ne compte pas la variété des possibilités offertes.

Le Québec, c'est d'abord de grands espaces. Il ne faut donc pas s'étonner que les villes s'efforcent d'en recréer des parcelles ici et là pour le bénéfice des citadins. À proximité de chez eux, le temps d'une pause et d'une illusion, les parcs offrent aux citoyens la possibilité de se remettre en phase avec la nature [22].

La Capitale nationale

La ville de Québec est le berceau de la Nouvelle-France et de la francophonie d'Amérique du Nord. Fondée par Samuel de Champlain en 1608, elle a donné son nom à l'ensemble du territoire et elle en est devenue la capitale. Son parlement, l'un des plus vieux du monde, y siège depuis 1792 et c'est pourquoi on a longtemps dit affectueusement « la Vieille Capitale » pour parler de Québec. Désormais, l'expression « Capitale nationale » prévaut.

Le nom de la ville vient d'un mot autochtone signifiant « l'endroit où le fleuve s'étrangle » : les falaises du cap Diamant où Québec est perchée et celles de Lévis encaissent le Saint-Laurent. La cité est ceinte de murailles et de fortifications. Les escarpements, la beauté de l'architecture, le caractère historique et patrimonial des lieux ont valu à Québec de figurer dans la liste des sites du Patrimoine mondial de l'Unesco.

Son relief tourmenté fait de Québec une ville connue pour ses rues abruptes comme la côte de la Montagne [23]. À l'instar des villages qui ont tous leur clocher, la ville possède aussi un important patrimoine religieux. La basilique-cathédrale Notre-Dame de Québec [24] est située au cœur de la cité fortifiée, à proximité du couvent des

some villages in the Appalachian Piedmont are real jewels [21]. The points of beauty are endless.

Because Quebec is above all a land of wide open spaces, its great cities try to create some patches of open space here and there for the benefit of their citizens, so that they can have the opportunity to reconnect with nature [22] near their homes, for a moment of rest and the time of an illusion.

The National Capital

Québec City is the birthplace of New France and the cradle of North America's French-speaking communities. Founded by Samuel de Champlain in 1608, the city gave its name to the whole territory and was made the capital. Its Parliament, one of the oldest in the world, dates back to 1792 and that is why the expression "Vieille Capitale," meaning "Old Capital," was affectionately used to refer to Québec City. Nowadays, the term "National Capital" is more common.

The word "Québec" comes from the Natives' vocabulary and refers to the fact that the city was built where the St. Lawrence River narrows to pass between the Lévis cliffs, on the opposite shore, and Cap Diamant where it stands. Walls and fortifications surround the city. The escarpments, the beauty of the architectural heritage and the historical flavour have earned Québec City a place among Unesco World Heritage List.

Its tortured relief has made Québec City famous for its steep streets and Côte de la Montagne [23] is a good example. Like all villages in Quebec, which possess at least one church tower, the religious heritage here is omnipresent ; Notre-Dame Cathedral-Basilica [24] is in the heart of the fortified city near the Ursulines' Convent [28a] and its chapel [28b]. It is just outside the walls, by Parliament, that the traditional ice castle is erected each year [25] for the Québec City Carnival.

Ursulines [28a] et sa chapelle [28b]. Entre le parlement et l'enceinte fortifiée, on construit chaque année un traditionnel château de glace à l'occasion du Carnaval de Québec [25]. De partout, les artistes affluent dans la région de la Capitale nationale pour y trouver l'inspiration. Dans la rue du Trésor [26], ils sont très nombreux à venir exposer leurs créations dans un désordre multicolore.

La place Royale [27] est l'un des joyaux de Québec. Cependant, le Château Frontenac [29], qui donne à la ville sa silhouette incomparable, constitue son bâtiment le plus célèbre. Quel que soit l'angle sous lequel on regarde notre Capitale nationale, elle fait l'unanimité par la qualité de ses attraits. Depuis Lévis, au coucher du soleil, la vue est imprenable [30].

LA MÉTROPOLE

L'endroit est habité depuis toujours parce qu'il bénéficie d'une indéniable position stratégique. Principale île d'un archipel [31], située à proximité de rapides, elle est coiffée d'une montagne permettant de scruter les horizons. Jadis, elle offrait également une abondance d'eau douce, de terres fertiles et de forêts giboyeuses d'où l'on tirait aussi du bois de qualité. C'est donc sur le site d'une bourgade autochtone, celle d'Hochelaga, qu'en 1642 Paul Chomedey de Maisonneuve a fondé Ville-Marie ultérieurement renommée Montréal. Aujourd'hui, elle est le centre d'une conurbation de près de 3,5 millions d'habitants. Elle est devenue une métropole moderne, la seconde ville française du monde, la plus grande cité francophone d'Amérique.

La joie de vivre des Québécois est légendaire, particulièrement à Montréal, l'une des grandes villes les plus sécuritaires et les plus animées du monde. Parmi ses périodes de réjouissances, citons le Festival de jazz [32], une joie pour les grandes vedettes qui s'y produisent et pour les spectateurs venus de partout pour les entendre en concert. Bon

Artists from all over come to the city for inspiration; in Rue du Trésor [26], several of them expose their creations in a colourful cacophony.

While Place Royale [27] is one of the most remarkable jewels of the city, the most famous building is undoubtedly the one that gives the city its unique silhouette, Château Frontenac [29]. No matter which angle our National Capital is viewed from, Québec City is unanimously acclaimed for the quality of its attractions; from Lévis, at sunset, the sight is breathtaking [30].

THE METROPOLIS

This centre is the main island [31] of an archipelago, is located near rapids, and has the benefit of a mountain which provides a great position for observation; all of these factors mean a good strategic location. Long ago, there would have been plenty of fresh water, productive lands and hardwood forests abounding in fish and game. In this sense, it has always been inhabited. It is the site of a native settlement named Hochelaga on which Paul Chomedey de Maisonneuve founded Ville-Marie in 1642, and which was later renamed Montréal. It has now evolved into a conurbation of some 3.5 million inhabitants; it has become a modern metropolis, the second largest French city in the world and the largest in America.

Quebeckers are well known for their joie de vivre and this is most obvious in Montréal, one of the safest and most animated cities of the world. Among its many festive activities is the Jazz Festival [32], which welcomes both the great stars who come to perform the music and the spectators who come from all over to see and hear them; many shows are given outdoors and a large number are free. There is also a

[31] Montréal depuis un hélicoptère
Bird's-eye view of Montréal

[32] Festival international de jazz de Montréal
Montréal International Jazz Festival

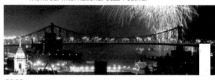
[33] La Métropole est réputée pour son événement de feux d'artifice, Le Mondial SAQ
Our Metropolis is well known for its fireworks displays Le Mondial SAQ

[34] Les Mosaïcultures de Montréal
Montréal Mosaicultures

[35] La place Jacques-Cartier à Montréal
Place Jacques-Cartier in Montréal

[36] Intérieur de la basilique Notre-Dame de Montréal
Inside Notre-Dame Basilica in Montréal
[37] Extérieur de la basilique Notre-Dame depuis la Banque de Montréal
Notre-Dame Basilica from the Bank of Montreal in Montréal

[38] Rue Saint-Paul au cœur du Vieux-Montréal
Rue Saint-Paul in the heart of Old Montréal

[39] *La Foule illuminée*, sculpture de Raymond Mason
The Illuminated Crowd, sculpture by Raymond Mason

[40] Escaliers, rue Cherrier à Montréal
Stairs, Rue Cherrier in Montréal

[41] Parc La Fontaine de Montréal
Parc La Fontaine in Montréal

[42] Le pavillon chinois du Jardin botanique de Montréal
Chinese Pavilion in Botanical Gardens in Montréal

[43] Montréal depuis le chalet du Mont-Royal
Montreal from chalet on Mont-Royal

[44] Abbaye de Saint-Benoît-du-Lac
Saint-Benoît-du-Lac Abbey

nombre de représentations ont lieu à l'extérieur, et plusieurs spectacles sont gratuits. Citons aussi un festival haut en lumière qui réunit à La Ronde les plus grands artificiers du monde dans une compétition annuelle de feux d'artifice [33]. Comment qualifier les Mosaïcultures, cet étonnant rassemblement de jardiniers qui produisent de véritables sculptures végétales, comme l'illustre cette représentation géante d'un inukshuk [34] typique de la culture inuktitut du Nunavik[4]?

Le centre-ville de Montréal vit au carrefour trépidant du souvenir et de l'avenir, car c'est à la fois un centre d'affaires et de commerce moderne et une cité ancrée dans ses racines patrimoniales. La place Jacques-Cartier à proximité de l'hôtel de ville [35] et la basilique Notre-Dame de Montréal [36 et 37] illustrent bien la richesse du patrimoine bâti. Pour sa part, la rue Saint-Paul [38] est particulièrement représentative de cette dualité du Vieux-Montréal. Bien sûr, Montréal a ses gratte-ciel modernes, mais elle reste partout attachée à l'expression culturelle. Au 1981 de la rue McGill College, cette attitude se manifeste par une sculpture aux formes humaines se découpant sur le vitrage quadrillé qui recouvre les élégants volumes géométriques créés par l'architecte René Menkès; la troublante *Foule illuminée* [39] du sculpteur Raymond Mason nous parle de la comédie humaine, de l'illumination à la déchéance.

Caractéristiques de Montréal, les escaliers extérieurs [40] de bon nombre de maisons sont un peu périlleux en hiver; ils sont néanmoins appréciés pour le charme particulier qu'ils dégagent. Les Montréalais jouissent par ailleurs de magnifiques espaces verts. Le parc La Fontaine [41] est fort romantique. Le Jardin botanique est réputé mondialement

festival that brings together the world's best pyrotechnicians for a yearly fireworks competition [33] at La Ronde. Then there is the Mosaicultures event, an amazing gathering of gardeners who create beautiful sculptures with plants of all kinds, as illustrated by this giant inuksuk [34], a central element of the Inuktitut culture in Nunavik[4].

Downtown Montréal lies at a hectic crossroads of the past and the future, as it is both a modern business and trade center and a historical city proudly rooted in its heritage. Place Jacques-Cartier near the city hall [35] and Notre-Dame Basilica [36 & 37] are good illustrations of its rich architectural heritage. Rue Saint-Paul [38] remains an excellent reflection of Old Montréal's duality. Of course, Montréal has modern skyscrapers, but it gives voice to cultural expression everywhere you go. At 1981 McGill College, this is portrayed in a sculpture of contrasting human forms on glass panels that cover the elegant geometric volumes created by architect René Menkès; the disturbing Illuminated Crowd *[39] by sculptor Raymond Mason depicts the comédie humaine, from illumination to degeneration.*

The outside staircases [40] of many houses are typical of Montréal; although quite perilous in winter, local residents like them because of the special charm they give the streets. Montrealers also enjoy an abundance of green spaces. Parc La Fontaine [41] is undeniably romantic. The Botanical Gardens are world-renowned and the area around its Chinese Pavilion [42] is absolutely delightful. Mount Royal, for its part, features many splendid sites, some of which provide great vistas of the metropolis below [43].

---

4. L'inukshuk, ce qui veut dire «à l'image d'un homme», est un type de cairn à forme humaine érigé par les Inuits pour identifier un lieu, baliser un tracé, servir de repère ou diverses autres fonctions. Les Inuits forment une nation nordique qui occupe l'extrême nord du Québec, le Nunavik.

---

4. *"Inuksuk", which means "in the image of man," is a type of cairn with a human form erected by Inuits to identify a site, signpost a trail, act as a landmark or serve some other function. The Inuits are a Nordic nation living in Nunavik, the northernmost region of Quebec.*

et l'aménagement entourant son pavillon chinois [42] est particulièrement réussi. Pour sa part, le mont Royal offre de nombreux sites fort appréciés, certains permettant d'admirer la Métropole dans toute sa splendeur [43].

Montréal est aussi au centre d'une vaste région touristique. En deux heures de route vers le sud, vous êtes en Estrie et vous pouvez, par exemple, vous recueillir à l'abbaye de Saint-Benoît-du-Lac [44]. Vers le nord, vous avez amplement le temps d'être à Mont-Tremblant [46], la station de villégiature si appréciée des Européens. Quant à la Montérégie, c'est la porte à côté : ainsi, il faut moins d'une heure pour s'émerveiller devant la féerie de couleurs à l'International de montgolfières de Saint-Jean-sur-Richelieu [45] dont on dit qu'il est le festival préféré des aérostiers dans le monde.

LE FLEUVE GÉANT ET LA MER

Comme sa métropole et sa capitale, le Québec tout entier s'est édifié le long de l'axe fluvial, le Saint-Laurent. De Québec, Trois-Rivières et Montréal, les explorateurs et les coureurs des bois l'ont jadis remonté vers l'ouest à la découverte du vaste territoire nord-américain. En suivant son courant vers l'est, on redécouvre aujourd'hui encore la majesté du fleuve géant et de son golfe vaste comme une mer.

Dès l'île aux Coudres [47], dans la région de Charlevoix, le Saint-Laurent prend de l'ampleur. Près de ses eaux salines, que de sites charmants à découvrir ! Le Bic [48]⁵ est un de ces lieux magiques du Bas-du-Fleuve. Dans Charlevoix, les brumes diaphanes laissent poindre

Montréal is located right in the middle of a large tourist region. If you drive south for two hours, you will reach the Eastern Townships where you can meditate, for instance, in the Saint-Benoît-du-Lac Abbey [44]. To the north, you will find Station Mont-Tremblant [46], a resort that is very popular with Europeans. The Montérégie is right next door ; the colour extravaganza at the Saint-Jean-sur-Richelieu International Balloon Festival [45], which ballooners all over the world claim to be their favorite, is less than one hour away.

THE GREAT RIVER AND THE SEA

Like its metropolis and its capital, Quebec as a whole has been developed along the main waterway, the St. Lawrence River. In the past, explorers and travellers paddled upstream from Québec City, Trois-Rivières and Montréal in their attempts to discover the immense western territory of North America. Still today, travellers can follow the current eastward and rediscover the majesty of the great river and its vast gulf, almost a sea.

At Coudres Island [47] in the Charlevoix region, the St. Lawrence widens. There are so many charming places close to the salt water to discover ! Le Bic [48]⁵ is one of these enchanting sites in the Lower St. Lawrence region. In Charlevoix, the village of Saint-Irénée [49] peeps through the translucent mist when the day dawns. On the North Shore, where the Saguenay River joins the St. Lawrence, Tadoussac [50] displays the colour of its charm.

[45] L'International de Montgolfières de Saint-Jean-sur-Richelieu
Saint-Jean-sur-Richelieu International Balloon Festival

[46] Mont-Tremblant

[47] L'île aux Coudres depuis Saint-Joseph-de-la-Rive
Coudres Island from Saint-Joseph-de-la-Rive

[48] Les Monadnocks du Bic
Monadnocks of Le Bic

[49] Gare de Saint-Irénée
Saint-Irénée Station

[50] Tadoussac, son célèbre hôtel et sa vieille chapelle
Tadoussac, its famous hotel and old chapel

[51] Pointe-à-la-Renommée près de L'Anse-à-Valleau
Pointe-à-la-Renommée near L'Anse-à-Valleau

---

5. Abondants entre La Pocatière et le Bic, les monadnocks sont de petites formations géologiques typiques de la région ayant l'aspect de très gros rochers ou de petites collines ressemblant à des montagnes miniatures.

---

5. Between La Pocatière and Le Bic, there are many monadnocks, small geological formations typical of the region that look like very big rocks or small hills resembling miniature mountains.

[52] Phares a) du Cap-des-Rosiers à Gaspé (Gaspésie) ; b) de Pointe-des-Monts (Gaspésie) ; c) de Cap-aux-Meules (Îles-de-la-Madeleine) ; d) du cap de Bon-Désir à Bergeronnes (Côte-Nord) ; e) de Pointe-à-la-Renommée près de L'Anse-à-Valleau (Gaspésie) ; f) Alright de Havre-aux-Maisons (Îles-de-la-Madeleine)
Lighthouses a) at Cap-des-Rosiers (Gaspésie); b) in Pointe-des-Monts (Gaspésie); c) in Cap-aux-Meules (Îles-de-la-Madeleine); d) at Bon-Désir Cape in Bergeronnes North Shore; e) Pointe-à-la-Renommée near L'Anse-à-Valleau (Gaspésie); f) Alright in Havre-aux-Maisons (Îles-de-la-Madeleine)

[53] L'Anse-à-Beaufils (Gaspésie)
L'Anse-à-Beaufils (Gaspésie)

[54] Pêcheurs à L'Anse-à-Beaufils
Fishermen in L'Anse-à-Beaufils

[55] Marée basse à Saint-Irénée (Charlevoix)
Low Tide in Saint-Irénée (Charlevoix)

[56] Brumes à Matane (Gaspésie)
Fog in Matane (Gaspésie)

[57] Berges du fleuve Saint-Laurent à Bergeronnes
Rocky Saint-Lawrence Shores in Bergeronnes

Saint-Irénée [49] au lever du jour. Sur la Côte-Nord, à la jonction du Saguenay et du fleuve, Tadoussac [50] propose une palette de couleurs attrayantes.

Il faut se souvenir que les phares [51 et 52a à 52f], qui égaient aujourd'hui de nombreux emplacements, sont d'abord d'inestimables sentinelles de la mer. Repère du marin, mais souvent aussi témoin patient de l'inquiétude de la mère et de l'angoisse de l'épouse pendant les longs séjours au large des hommes du village, le phare exprime la farouche détermination à garder le cap malgré les intempéries ou les flots énigmatiques, et il constitue surtout un appel solennel à la clémence des éléments imprévisibles et indomptables.

La pêche est une importante activité économique dans ces régions. À L'Anse-à-Beaufils [53 et 54], le pittoresque port gaspésien s'anime du travail des pêcheurs. À marée basse, il faut sécher les filets [55] et faire le plein d'énergie avant de repartir. Cependant, le marin est toujours soumis aux aléas météorologiques. Quand les buées insondables figent le temps et que le brouillard moite humecte la peau des gens de Matane, quand un cocon de ouate est tissé autour du bateau [56], ne vaut-il pas mieux que tout cela se dissipe avant de partir pêcher la crevette ?

Le Saint-Laurent porte aussi à la méditation. À Bergeronnes, assis sur le rivage de pierres polies par les millénaires [57], on observe le volume impressionnant des eaux s'écouler devant soi sans même entrapercevoir le rivage d'en face, l'autre côté… s'il y en a un. Alors, il est bien difficile d'empêcher son esprit de vagabonder, de ne pas se laisser prendre par l'immensité ; et voilà qu'en silence, on se met à jongler avec l'éternité du temps ou l'infini de l'espace.

Sur les rochers bruyants et les falaises abruptes de l'île Bonaventure, les fous de Bassan [58a et 58b] s'agitent. Quel univers de brouhaha ! Ils se déplacent selon des codes difficiles à déchiffrer, ils plongent dans la mer pour pêcher, puis ils reviennent. Ils retrouvent leur nid dans cette

The lighthouses [51 & 52a to 52f], which nowadays enliven so many locations, are first and foremost priceless sentries of the sea. Markers for the sailor, but also silent observers of the anxiety of the mother and the anguish of the spouse during the long voyages of the village men on the open sea, the lighthouses tell of the fierce determination to maintain a course despite bad weather and the enigmatic waves; above all, they constitute a solemn appeal to the indulgence of the unpredictable and untamable elements.

Fisheries are an important economic factor in these regions. In L'Anse-à-Beaufils [53 & 54], the picturesque Gaspésie harbour is brought to life by the fishermen's activities. At low tide, fishermen must take care of the nets [55] and of themselves before going back out to sea. They also have to cope with the weather hazards. When the unfathomable mist freezes time and the wet fog moistens the skin of everyone in Matane, when a damp cotton cocoon is woven around the ships [56], is it not wiser for the fishermen to wait than go shrimp fishing ?

The St. Lawrence is also an invitation to meditate. In Bergeronnes, when you can sit on the shore of stones polished by millennia [57] and look to the impressive volume of water flowing by, without being able to catch a glimpse of the hypothetical opposite bank, you cannot help but be captivated by the immensity. After a while, you find yourself meditating on something like the eternity of time or the infinity of space.

On the noisy rocks and the steep cliffs of Bonaventure Island, the gannets [58a & 58b] are a stirring sight. What a hubbub ! They move according to codes very hard to understand, diving in the sea for food, and then coming back up. It is a wonder how they can find their nest in the

invraisemblable cohue et on se demande comment ils arrivent à reconnaître leurs petits dans le tintamarre et le tumulte.

Mais, par beau temps, il est des lieux plus calmes comme le rivage blond et ocre de la baie de Plaisance au sud de Cap-aux-Meules, aux Îles-de-la-Madeleine [59]. À Grande-Grave, dans le parc national de Forillon [60], où on faisait jadis sécher le poisson sur les galets de la rive, on peut même parler de sérénité. Ce sont des lieux que l'on contemple. Il est bien compréhensible que Percé [61 et couverture] soit une destination si recherchée.

Dans ces vastes régions maritimes, on trouve aussi de nombreux sites moins fréquentés. Les promeneurs solitaires qui aiment porter leur rêverie en des lieux plus retirés trouvent en Minganie, sur la Basse-Côte-Nord, à l'exemple des monolithes séculaires de l'île Quarry [62], tout un archipel que la mer a sculpté pour eux. À Fatima, aux Îles-de-la-Madeleine [63], elle continue d'éroder patiemment les escarpements pour les générations à venir.

L'ULTIME FRONTIÈRE

Le Québec est un beau pays dont on n'a pas terminé de parcourir les terres et les horizons. Le nord du Nord est son ultime frontière, désormais accessible, mais encore très peu explorée. À la Baie-James, on a déjà réalisé de grands projets comme le complexe hydroélectrique La Grande près de Radisson, avec ses barrages et son escalier du géant [64]. Il reste beaucoup à faire, mais à l'instar du territoire, le potentiel est immense.

Nous sommes heureux d'avoir partagé avec vous ces moments d'intimité, ce regard sur le Québec, la terre que nous chérissons.

unbelievable crush or how they are able to recognize their young in the tumult and hullabaloo.

But, on sunny days, there are more quiet places, like the blond and ochre Plaisance Bay shores south of Cap-aux-Meules [59]. Grande-Grave in Forillon National Park [60], where the fish used to be laid to dry on the pebbles of the bank in the olden days, can even be described as serene. These are sites for contemplation. It is easy to understand why Percé [61 & cover] is a destination much in demand.

In these vast maritime regions, there are also many locations less visited. Solitary strollers may prefer to do their day-dreaming in more isolated places. They can find a whole archipelago in Minganie on the Lower North Shore which the sea took centuries to carve for them, such as the lonely monoliths of Quarry Island [62]. In Fatima, Îles-de-la-Madeleine [63], it continues patiently eroding the escarpments for future generations.

THE LAST FRONTIER

Quebec is a beautiful country and we have not finished visiting its landscapes and its horizons. The northernmost area is the ultimate frontier, now accessible, but as yet little explored. At James Bay, some important projects had been built, such as the hydroelectric complex on the La Grande Rivière near Radisson [64]. But, there is still much to be done. Like the territory, the potential is immense.

We are pleased to have shared a few pleasant moments with you through this look at Quebec, a land we cherish.

[58] a) et b) Fous de Bassan à l'île Bonaventure
a) and b) Gannets on Bonaventure Island

[59] Rivage de la baie de Plaisance aux Îles-de-la-Madeleine
Plaisance Bay Shores in Îles-de-la-Madeleine

[60] Grande-Grave au parc national de Forillon
Grande-Grave in Forillon National Park

[61] Percé (Gaspésie)

[62] Monolithes de l'île Quarry (archipel de Mingan)
Quarry Island Monoliths (Mingan Archipelago)

[63] La Belle Anse à Fatima (Îles-de-la-Madeleine)
La Belle Anse in Fatima (Îles-de-la-Madeleine)

[64] Le complexe hydroélectrique La Grande
La Grande hydroelectric complex

REMERCIEMENTS

Au moment de remercier toutes les personnes qui m'ont aidé à préparer ce livre, je tiens d'abord à témoigner ma profonde gratitude à mes enfants, Annie et Paul, premiers admirateurs mais aussi premiers critiques de mon travail. Je veux aussi saluer Mady Smets-Hennekinne, de Bruxelles, qui croit en moi et qui m'a aidé en toutes circonstances.

Je remercie les personnes qui m'ont apporté soutien technique et professionnel :
Gilles Robert de Produits industriels RGI, pour les réglages et les améliorations apportés à mon équipement ;
Annie Tremblay, photographe, pour ses conseils méthodologiques ;
Daniel Deneault de Photo-Maître, Denis Deslandes de la Centrale informatique, et Paul Tremblay, pour leur soutien en informatique.
Il m'apparaît opportun d'indiquer au lecteur que les appareils photographiques utilisés ont été conçus en Suisse par l'équipe de l'ingénieur Werner Seitz de Seitz Phototechnik A. G. et que la pellicule est un support argentique Agfa.

J'exprime ma gratitude à celles et ceux qui m'ont aidé pour le transport et l'hébergement lors de mes déplacements :
Pierre Baillargeon de P. Baillargeon ltée, en de nombreuses occasions ;
Denis Després, lors de la prise de photographies à Percé ;
L'International des Montgolfières de Saint-Jean-sur-Richelieu, pour l'ensemble de mes photos prises en ballon ;
Michel Côté des Hélicoptères Whapchiwen ltée de Radisson ;
Hélène C. Martin qui a organisé mon voyage à Radisson ;
Michel Létourneau, député d'Ungava, qui a facilité mes démarches en territoire nordique ;
Myriam Villeneuve de l'Association touristique régionale de Duplessis.

It is time for me to thank all those who have kindly contributed to the preparation of this book. First of all, I wish to express my gratitude to my daughter Annie and my son Paul, who are great fans but honest critics of their artist father. Special thanks also to Mady Smets-Hennekinne, from Brussels, who believes in me and who has supported me in so many ways.

I would like to thank the following people for their technical and professional support :
Gilles Robert of RGI Industrial Products who modified and adapted my equipment ;
Annie Tremblay, photographer, for her methodological assistance ;
Daniel Deneault of Photo-Maître, Denis Deslandes of the Centrale Informatique, and Paul Tremblay who assisted me with computer graphics.
At this point, I would like to inform the reader that the photographical equipment I use was designed in Switzerland by the team of engineer Werner Seitz of Seitz Phototechnik A.G., and that the film I use is a thin layer of silver substrate by Agfa.

I wish to express my gratitude to those who helped me with lodgings and transportation during my travels :
Pierre Baillargeon of P. Baillargeon Ltd., on many occasions ;
Denis Després, who helped me in Percé ;
The Saint-Jean-sur-Richelieu International Balloon Festival, for all the photos produced on board balloon gondola ;
Michel Côté of Whapchiwen Helicopters Ltd. in Radisson ;
Hélène C. Martin, who organized my journey to Radisson ;
Michel Létourneau, MNA for Ungava, who helped with my activities in northern Québec ;
Myriam Villeneuve of the Duplessis Tourist Regional Association.

ACKNOWLEDGMENTS

Un mot de reconnaissance également à ceux que j'appelle mes «facilitateurs», tous ces complices dont la contribution m'est essentielle :
France Bernard, biologiste à Parcs Canada ;
Mgr Yvon Bigras, curé de la paroisse Notre-Dame de Montréal ;
Sophie Desbiens, attachée de presse du Festival international de jazz de Montréal ;
Marie-Josée Gravel, coordonnatrice des relations publiques et des communications à la station Mont-Tremblant ;
Albane Le Nay et François Ouellet, respectivement chargée de communication et préposé au marketing du Jardin botanique de Montréal ;
Mireille Soucy, attachée de presse des Mosaïcultures internationales de Montréal.

Merci aux personnes qui ont apporté leur support au rédacteur :
Robert Dufort et Johanne Lorion de la bibliothèque du cégep Saint-Jean-sur-Richelieu, pour leur soutien à la recherche documentaire ;
Sheila Crawford, professeure d'anglais au cégep Saint-Jean-sur-Richelieu, de même que son mari, George Crawford, et leur fille, Janis Crawford, qui ont révisé les textes en anglais ;
Joanne Gagnon qui a révisé tous les textes en français.
Mes derniers mots sont pour mon talentueux ami Roger Paquin, biologiste, ancien député de Saint-Jean à l'Assemblée nationale du Québec pendant plusieurs années. C'est un réel plaisir que de faire équipe avec cet amant de la nature, ce fou du Québec. Sa contribution m'a été indispensable dans la préparation de ce livre que je vous offre avec grande joie.

DENIS TREMBLAY

A word of acknowledgement for my "facilitators," who contributed to all the fine details that are, in the end, so essential :
France Bernard, biologist for Parks Canada ;
Mgr Yvon Bigras, parish priest of Notre-Dame Basilica, Montréal ;
Sophie Desbiens, press attaché, Montréal Jazz International Festival ;
Marie-Josée Gravel, public relations and communications coordinator of Station Mont-Tremblant ;
Albane Le Nay, head of communications, Botanical Gardens in Montréal ;
François Ouellet, head of marketing, Botanical Gardens in Montréal ;
Mireille Soucy, press attaché, International Mosaiculture in Montréal.

Thanks also to the people who provided assistance with the writing :
Johanne Lorion and Robert Dufort, who work at the library at Saint-Jean-sur-Richelieu College and helped with the documentary research ;
Sheila Crawford, English teacher at Saint-Jean-sur-Richelieu College, her husband, George Crawford, and their daughter, Janis Crawford, who revised the English texts ;
Joanne Gagnon who revised the French texts.
My final words of appreciation are for my talented friend Roger Paquin, a biologist and long-time MNA for Saint-Jean. It is a great pleasure to work with Roger, who is a nature lover and Québec patriot. His contribution has been essential to the preparation of this book, which I am so proud to present to you.

DENIS TREMBLAY

NOTES
BIOGRAPHIQUES

Diplômé de la Famous Photographic School (1968)

Diplômé de la School of Modern Photography, Montréal / New York (1969)

Diplômé du Conservatoire de musique de Montréal (1966 et 1967)

A exposé en France (1991), en Italie (1994), aux États-Unis (1994 et 1995), en Belgique (1996), en Suisse (1998 et 1999), au Canada (2000 et 2001) et au Québec (2001 et 2002)

Président de l'International Association of Panoramic Photographers (1997 à 1999)

Photographe officiel de la Commission de la Capitale nationale du Canada à l'occasion de la venue de Sa Majesté Elizabeth II lors du 125ᵉ anniversaire du Canada (1992)

Photographe officiel de plusieurs événements spéciaux, en particulier de festivals de montgolfières aux États-Unis, en Europe et au Québec

Premier photographe panoramique (360°) employé par Microsoft pour *Encarta* et *Expedia* (de 1994 à ce jour)

Personnalité de l'année au Gala de l'Excellence du Haut-Richelieu (1995)

1ᵉʳ Prix pour le World's Best Panoramic Photograph, catégorie Swing Lens (1998-1999)

Photographie du plus grand groupe de personnes (2 600, en 1994)

Plus longue photographie d'une seule venue (120 pi [37 m], pour Agfa, en 1996)

Seule photographie authentifiée chevauchant deux millénaires (prise à Québec, commencée quelques minutes avant la fin de 2000 et terminée quelques minutes après le début de 2001)

Graduate of the Famous Photographic School (1968)

Graduate of the School of Modern Photography, Montréal / New York (1969)

Graduate of the Conservatoire de musique de Montréal (1966 and 1967)

Exhibitions in France (1991), Italy (1994), United States (1994 and 1995), Belgium (1996), Switzerland (1998 and 1999), Canada (2000 and 2001) and Québec (2001 and 2002)

President of the International Association of Panoramic Photographers (1997 to 1999)

Official photographer for the Canadian National Capital Commission for the royal visit of Her Majesty Queen Elizabeth II on the occasion of the 125th anniversary of Canada (1992)

Official photographer for many special events, including hot air balloon festivals in Europe, Québec and the United States

First 360° panoramic photographer hired by Microsoft for Encarta *and* Expedia *(from 1994 to the present time)*

Man of the Year, Haut-Richelieu Chamber of Commerce (1995)

1st Prize for the World's Best Panoramic Photograph, Swing Lens (1998-1999)

Largest group of persons on the same photograph (2,600, in 1994)

Longest one-piece photograph in the world (120-foot [37-metre], for Agfa, in 1996)

The only certified photo overlapping two millennia (taken in Québec City, exposure beginning a few minutes before and ending a few minutes after midnight on New Year's 2001)

BIOGRAPHICAL NOTES

Motion conjointe et unanime de l'Assemblée nationale du Québec pour l'ensemble de son œuvre à la suite de la réalisation de la *Photo du Millénaire* (2001)

Banque d'images de plus de 25 000 sites situés dans plus de 35 pays (plus de 75 séjours à l'étranger)

Parmi ses clients actuels, les gouvernements suivants : Canada, Chypre, France, Ghana, Inde, Israël, Malte, Québec et Suisse

WWW.PHOTOPANORAMIC.COM

Joint and unanimous motion by the National Assembly of Quebec, recognizing his whole career following the preparation of Millennium Photography *(2001)*

Photo bank of more than 25,000 pictures from over 35 countries (more than 75 trips out of the country)

Clientele including the governments of Canada, Cyprus, France, Ghana, India, Israel, Malta, Québec and Switzerland

WWW.PHOTOPANORAMIC.COM

Denis Tremblay et Roger Paquin avec *La Foule illuminée* de Raymond Mason (photo de Micheline Hamelin)

Denis Tremblay and Roger Paquin in The Illuminated Crowd *by Raymond Mason (photo by Micheline Hamelin)*